AF187826

ConnectDoor –

Zugang zum Geheimnis der Zahlen

Einfluss der Zahlen auf Denken, Fühlen und Handeln

Inge Friedrich
Bernd Laudenbach

4

Bibliografische Information der Deutschen Nationalbibliothek. Die Deutsche Nationalbibliothek verzeichnet diese Publikation in der Deutschen Nationalbibliografie, detaillierte bibliografische Daten sind im Internet über http://dnb.dnb.de abrufbar.

Herstellung und Verlag

BoD – Books on Demand, Norderstedt

ISBN 9 78 3744 8222 37

Diese Informationen sind für Menschen,

- die bereit sind, Eigenverantwortung für Gesundheit, Fühlen, Denken und Handeln zu übernehmen,
- die Verbindungen zu inneren Realitäten und inneren Ursprüngen ihres Selbst hervorrufen möchten,
- die an Maßnahmen gegen die Versklavung des menschlichen Bewusstseins interessiert sind,
- die neugierig darauf sind, Unbekanntes für sich bekannt zu machen,
- die für sich selbst entscheiden wollen, welche Optionen für sie von Vorteil sind.

Vorwort

Eigene Erlebnisse brachten mich auf die Idee, noch ein siebtes ConnectDoor-Taschenbuch zu schreiben und auch mit Cen-Tooh, dem kleinen Magier aus dem Universum von www.connectdoor.de zu besprechen.

Ein Ausflug ins Geldmuseum der Deutschen Bundesbank in Frankfurt zeigte mir, dass ich mit Geld, Gold und alles was damit zu tun hat, in irgendeiner Weise Probleme haben musste. Im Geldmuseum wird die Welt des Geldes erlebbar. Meine COBIMAX-Erfahrungen zeigten sich in heftigen Gähn-Attacken. Verwundert schaute ich mich um, was mein Kleinhirnbewusstsein (Unterbewusstsein) wohl entdeckt hatte und sofort in mir anfing zu korrigieren.

Jede Menge Geldscheine aus verschiedenen Jahren mit verschiedenen Zahlenwerten hatten mein Interesse geweckt und ich schaute mir jeden einzelnen an …. und gähnte und gähnte.

Es zeigte sich mir, dass einige Zahlen auf den Geldscheinen mir Probleme bereiteten und ich überlegte, inwieweit Zahlen in mein Leben eingreifen und Einfluss nehmen auf mein Fühlen, Denken und Handeln und somit auch auf meine Gesundheit.

Die Zahl 2 brachte mich im COBIMAX-Symbol-Lehrgang zum Gähnen.

Nun stand fest: Wir werden der Wirkung der Zahlen auf den Grund gehen.

Um es gleich vorweg zu nehmen: Den einen ultimativen Satz, um die Lottozahlen im Vorfeld zu kennen, haben wir noch nicht gefunden!

Inhaltsverzeichnis

Cen-Tooh, der Sanftmütige

Ich komme aus einer anderen Dimension und möchte Euch Menschen die phantastischen und unendlichen Möglichkeiten aufzeigen, die Euer Geist für Euch bereithält.

Um mich zu besuchen, müsst Ihr kein Raumschiff besteigen. Auf der Erde habe ich Menschen getroffen, die ebenso zaubern können wie ich. Sie haben als mein Terra-Außenposten eine Internetseite für mich aufgebaut, auf der Ihr umgehend mit mir Kontakt aufnehmen und Eure Probleme ansprechen könnt. (www.connectdoor.de)

Auf dem Level „Freie Themenwahl" habt Ihr die Möglichkeit, jegliches Thema zu bearbeiten, ohne dass irgendjemand mitliest oder mithört. Eure Gedanken erfahren lediglich eine Zeitbeschleunigung auf die Frequenz, die Euer Unterbewusstsein versteht, um dann effektiv Euer angesprochenes Problem korrigieren zu können. Stupst einfach auf meine Nase, wenn Ihr mich mit meinem Zauberstab seht.

Es sei hier darauf hingewiesen, dass auf der Erde diese Methode für den medizinischen Laien weder Arzt noch Heilpraktiker ersetzt, und dass sie niemals zum Absetzen von Medikamenten auffordert.

Ursprungssprache

 Bernd Laudenbach suchte seit seinem 9. Lebensjahr nach einer vereinheitlichenden Sprache, die alle Menschen sprechen. Gibt es eine Sprache, die vollkommen ohne Verbalik auskommt?

Jahre später lag er nachts schlafend in seinem Bett. Im Traum, der ihm äußerst real erschien, schwebte er an der Zimmerdecke und sah sich neben seiner Frau liegend. Sein erster Gedanke war, so sieht es aus, wenn man stirbt. Im nächsten Moment fühlte er sich wie von einem Gummiband durch einen beleuchteten Tunnel gezogen und fiel auf Wüstensand. Zwei Aborigines kamen auf ihn zu, blickten ihm tief in die Augen und zeichneten mit feinen Stöckchen Zeichen auf seine Beine. Blut tropfte in den Sand. Kurz darauf wurde er wieder durch diesen Tunnel zurück in seinen Körper gezogen, was mit lauten Geräuschen verbunden war. Er wachte auf und blutete aus Ohren und Nase.
Dies geschah insgesamt drei Mal in fünf aufeinander folgenden Nächten.

Erst eineinhalb Jahre später begriff er, was diese Zeichen bedeuten: Es war die von ihm gesuchte Kommunikation, die alle Lebewesen verstehen.

Herausgefunden hatte er in seiner eigenen Forschungsarbeit, wie diese Kommunikation funktioniert, wie diese anzuwenden ist und baute daraus seine Kommunikations- und Therapieform COBIMAX auf.

Was ist COBIMAX?

Die „Communikations- Biologische Matrix", kurz „COBIMAX", wurde von Bernd Laudenbach im Jahr 1998 entwickelt. Es handelt sich hierbei um ein Kommunikations- und Therapieverfahren, das es ermöglicht, eine große Vielfalt an körperlichen sowie emotionalen Erkrankungen anzugehen. Ohne Hypnose, ohne Meditation, ohne maschinelle Hilfsmittel. Hier ist ein Weg zur Selbsthilfe und Selbstheilung offen. Denn genau so will COBIMAX verstanden werden: das Wissen über die Krankheitsursache aus dem eigenen Kopf des Menschen, die heilende Kraft aus dem eigenen Körper, genau das ist der Schlüssel zum Erfolg dieser Therapie. Seit 2005 wird COBIMAX auch in Lehrgängen weitergegeben, zur Eigenanwendung oder zur Anwendung in der therapeutischen Praxis.

COBIMAX® macht's möglich!

Bernd Laudenbach, COBIMAX-Initiator, und zwei andere Cobimax-Ausgebildete steckten ihre Köpfe zusammen und fingen an, der Vision von einer anderen Dimension Gestalt zu geben. Heraus kam www.connectdoor.de, der Zugang zum Universum von Cen-Tooh, dem kleinen Zauberer mit der dicken Knollennase. Zu ihm kommen Besucher aus zahlreichen Universen, um Rat für die verschiedensten Probleme zu holen. Bernd Laudenbach hat Cen-Tooh zum Leben erweckt und nun kann jeder Besucher direkt Cen-Tooh's „Zauberkräfte" in Anspruch nehmen. Hiermit hat nun auch jeder Mensch die Option, völlig eigenständig seine Anliegen zu bearbeiten.

Was passiert hier?
Menschliches Bewusstsein verbindet sich mit dem Internet Hollywood hat skurrilste Science- Fiction-Abenteuer dieser Thematik auf die Leinwand gebracht.

Durch www.connectdoor.de betreten wir eine „innere Zauberwelt", die Dinge ermöglicht, die bisher nur im Kino und unserer Phantasie real waren.

Achtung! Diese Dimension sollte nur von mutigen Besuchern betreten werden!

In Cen-Tooh's Universum laufen die Uhren anders, hier herrscht eine andere Zeit.

Gedanken können sich blitzschnell verwirklichen. Hier kann scheinbar Unmögliches einfach möglich sein.

Auf verschiedenen Levels sind vorgefertigte Programme abrufbar.

Das Level „Freie Themenwahl" bietet die Möglichkeit für alle Lebenslagen individuelle Themen selbst zu kreieren.

Hier ist der Zugang zur inneren Dimension.

Haben wir den Mut und nutzen unsere Tollkühnheit, zusammen mit dem Zauberer Cen-Tooh unser Leben neu zu begreifen.

Fassen wir zusammen:

COBIMAX (Communikations-Biologische Matrix) ist also ein Kommunikations- und Therapieverfahren, das es ermöglicht, bei Mensch, Tier und Pflanze eine große Bandbreite unterschiedlichster „Krankheiten" auf körperlicher und emotionaler Ebene anzugehen.

Es funktioniert ohne maschinelle Hilfsmittel oder computergestützte Programme und richtet sich an die individuellen körperlichen und emotionalen Ebenen.

Es erkennt jegliche Fehlfunktionen und aktiviert umgehend die Selbstheilungskräfte.

Es ist ein mental-invasives Verfahren, das den Anwender/ Therapeuten befähigt, mit Hilfe seines Kleinhirnbewusstseins Zugang zum autonomen Nervensystem des Patienten zu bekommen. Dieses Kommunikationswerkzeug reduziert alle Sprachen der Welt auf ihre elementare Funktion: die

Erzeugung von Bildern (Hologrammen) durch das Gehirn.

Nach Ansichten der Quantenphysik (Roger Penrose, Stuart Hameroff) reproduziert sich unser biologischer Körper in etwa 42-mal pro Sekunde. Diese Reproduktion ermöglicht dieser Methode den Zugriff zur Schnittstelle innere/äußere Realität, um Verbesserungsvorschläge in Form von Hologrammen über das Unterbewusstsein des Kleinhirns einzuspeisen.

Wie unterschiedliche Gehirnteile "Zeit" völlig verschieden wahrnehmen und entsprechend verarbeiten; wie ein in unserem Kleinhirn sitzendes Bewusstsein anscheinend Wunder wirkt und wie sich all das praktisch anfühlt, wird nicht nur erklärt, sondern der Mensch erfährt es direkt.

Durch COBIMAX können u.a. destruktive Gedankenmuster und Emotionen identifiziert, lokalisiert und reguliert werden. Hieraus kann der Anwender direkte Zusammenhänge erkennen, die eine lückenlose Beweisführung zulassen, inwieweit ein destruktives Gefühl die Zellelektrizität, die Zellchemie und die Zellfunktion nachteilig verändert.

Entgegen den herkömmlichen wissenschaftlichen Erkenntnissen kann mittels COBIMAX das autonome Nervensystem willentlich gesteuert werden.

Das Hauptwerkzeug von COBIMAX sind kleinste Zellbestandteile (Mikrotubuli) im Körper, die die Fähigkeit besitzen, in jeder Geschwindigkeit und Stärke zu schwingen. Gerade dieses Zellschwingen ermöglicht es, unterschiedliche Vorgänge in den Organen bis in die Zelle hinein zu kontrollieren. So wird dadurch beispielsweise ein Eliminieren von Mikroben erreicht sowie ein Wieder-Ordnen von emotional verursachten Zellfehlfunktionen ermöglicht.

Haargenau das gleiche Vorgehen (Wissen) praktizieren Naturvölker wie die Aborigines schon seit Jahrtausenden.

COBIMAX verbindet den Anwender mit dem grenzenlosen inneren Wissen, zu dem jeder Mensch Zugang erhält, sobald er mit dynamischer Intelligenz verbunden ist. Dieser bewusstseinserweiternde Zustand führt zu einer Zeitbeschleunigung, und daher kann der Einzelne sofort Einfluss auf Zell- und Organfunktionen nehmen.

Das bedeutet, dass jede Person, die eine körperliche und/oder geistige Veränderung herbeiführen möchte, dies durch COBIMAX erreichen kann. Vorausgesetzt, es handelt sich dabei - im biologischen Sinne - um eine Verbesserung.

COBIMAX fördert in höchstem Maße die physische und psychische Autonomie des Menschen.

Lernen Sie die vielfältigen Einsatzmöglichkeiten Ihres dynamischen Bewusstseins kennen!

Zahlen

Zahlen sind abstrakte mathematische Objekte beziehungsweise Objekte des Denkens, die sich historisch aus Vorstellungen von Größe und Anzahl entwickelten. Durch eine Messung wird ein als Größe verstandener Aspekt einer Beobachtung mit einer Zahl in Verbindung gebracht, beispielsweise bei einer Zählung. Sie spielen daher für die empirischen Wissenschaften eine zentrale Rolle.

In der Mathematik, welche Zahlen und ihre Struktur formal untersucht, schließt der Begriff sehr verschiedenartige Konzepte mit ein. Diese entwickelten sich als Verallgemeinerungen bestehender intuitiver Zahlkonzepte, sodass man sie ebenfalls als Zahlen bezeichnet, obwohl sie teilweise wenig Bezug zu den ursprünglich mit Messungen verbundenen Konzepten haben. Manche dieser Konzepte sind in der Mathematik von grundlegender Bedeutung und finden Verwendung in nahezu allen Teilgebieten.

Der Begriff der Zahl ist nicht mathematisch definiert, sondern ist ein gemeinsprachlicher Oberbegriff für verschiedene mathematische Konzepte. Daher gibt es im mathematischen Sinn keine Menge aller Zahlen oder dergleichen. Die Mathematik spricht, wenn sie sich mit Zahlen befasst, stets über bestimmte wohldefinierte Zahlbereiche, d. h. nur über bestimmte Objekte unseres Denkens mit festgelegten Eigenschaften, die salopp alle als Zahlen bezeichnet werden. Seit dem Ende des 19. Jahrhunderts werden in der Mathematik Zahlen rein mittels der Logik unabhängig von Vorstellungen von Raum und Zeit definiert.

Das ist die Erklärung zu Zahlen aus:
https://de.wikipedia.org/wiki/Zahl

Im Gegensatz zum mathematischen Zahlenverständnis, bei dem Zahlen rein formale Funktionen haben, weist die Zahlenmystik den Zahlen darüber hinausgehende Bedeutungen zu.

In Brauchtum, Mystik und Religion kommen mit Bedeutsamkeit aufgeladene Zahlen als Symbol, Metapher oder in Riten (bspw. Orakeln) vor. Zahlen erhalten einen spezifischen Charakter, eine individuelle Qualität und Eigenschaften, etwa "männlich", "weiblich", "glückverheißend" oder "heilig". Dabei werden oft auch Werturteile über Dinge auf ihnen entsprechenden Zahlen übertragen oder Werturteile über Zahlen auf mit ihnen zahlensymbolisch verknüpfte Dinge.

Einen Ausgangspunkt bilden unter anderem Zahlen, die in Naturgegebenheiten wie den Mondphasen oder grundlegenden kulturellen Konventionen wie der Siebentägigkeit der Woche eine Rolle spielen. Hierzu gehört insbesondere die Bedeutung der Zahl Zehn aufgrund der Anzahl der Finger sowie im Dezimalsystem. Zahlensymbolik ist weltweit in zahlreichen Kulturen und Religionen verbreitet.

Mehr dazu: https://de.wikipedia.org/wiki/Zahlensymbolik

In der Numerologie geht man davon aus, dass jede Zahl einen bestimmten Charakter besitzt und nicht zufällig vorkommt.

In der Natur dienen die Zahlen vor allem als Ordnungs-Prinzipien, die der Formgebung zugrunde liegen.

Was in der Natur wie ein schöner Zufall aussieht, basiert bei genauerem Nachmessen und Nachrechnen auf mathematischen Prinzipien, die sich in den unterschiedlichsten Formen wiederholen.

Zahlen in der Natur

Die Fibonacci-Folge ist die unendliche Folge von natürlichen Zahlen, die (ursprünglich) mit zweimal der Zahl 1 beginnt oder (häufig, in moderner Schreibweise) zusätzlich mit einer führenden Zahl 0 versehen ist. Im Anschluss ergibt jeweils die Summe zweier aufeinanderfolgender Zahlen die unmittelbar danach folgende Zahl:

0, 1, 1, 2, 3, 5, 8, 13, 21, 34, 55, ...
Die darin enthaltenen Zahlen heißen Fibonacci-Zahlen.

Weitere Untersuchungen zeigten, dass die Fibonacci-Folge auch noch zahlreiche andere Wachstumsvorgänge der Pflanzen beschreibt. Es scheint, als sei sie eine Art Wachstumsmuster in der Natur.

Viele Pflanzen weisen in der Anordnung ihrer Blätter und anderer Teile Spiralen auf, deren Anzahlen durch Fibonacci-Zahlen gegeben sind, wie beispielsweise bei den Früchten in Fruchtständen. Das ist dann der Fall, wenn der Winkel zwischen architektonisch benachbarten Blättern oder Früchten bezüglich der Pflanzenachse der Goldene Winkel ist.

Hintergrund ist der Umstand, dass die rationalen Zahlen Brüche von aufeinanderfolgenden Fibonacci-Zahlen sind. Die Spiralen werden daher von Pflanzenelementen gebildet, deren Platznummern sich durch die Fibonacci-Zahl im Nenner unterscheiden und damit fast in die gleiche Richtung weisen. Durch diese spiralförmige Anordnung der Blätter um die Sprossachse erzielt die Pflanze die beste Lichtausbeute.

Das Internet

Das Internet ist gefüllt mit den verschiedensten Erklärungen zu Zahlen, von jeglicher Warte aus gesehen.

Wenn von Heiliger Geometrie oder Heiliger Mathematik die Rede ist, ist gemeint, dass bestimmte Geometrien und Zahlenverhältnisse die Bausteine der Schöpfung darstellen.

Gerade Zahlen sind Yang (männlich) und stehen allgemein für Stabilität. Ungerade sind Yin (weiblich). Sie stehen für Offenheit und Flexibilität.

Zahlen spielen insbesondere eine Rolle in der Geomantie und bei Freien Energie Technologien. Als Stichworte seien hier Leylines, Pyramiden und das Energie-Netz der Erde genannt.

Manche Proportionen fühlen sich erhebend, ästhetisch und energetisch an, während andere unharmonisch und ermüdend wirken. Um die Energie der Zahlen ganz bewusst einsetzen zu können, ist es hilfreich, ihre Eigenarten zu verstehen. Nachfolgend eine Auflistung von wichtigen Ziffern, die in der Natur eine Rolle spielen.

Die Zahl 1:

Symbolische Bedeutung: Einheit, Ganzheit, Ursprung, Anfang.

Die Zahl 2:

Symbolische Bedeutung: Zweisamkeit, Gegensätzlichkeit, Polarität.

Die Zahl 3:

Symbolische Bedeutung: Dreieinigkeit (Körper, Geist und Seele in einem Wesen)

Die Zahl 4:

Symbolische Bedeutung: Bodenständigkeit, Stabilität, praktische Orientierung.

Die Zahl 5:

Symbolische Bedeutung: Bedingungslose Liebe.

Die Zahl 6:

Symbolische Bedeutung: Erdverbundenheit und materielle Ausrichtung.

Die Zahl 7:

Symbolische Bedeutung: Veränderung, Transformation, Spiritualität.

Die Zahl 8:

Symbolische Bedeutung: Ordnung und Disziplin.

Die Zahl 9:

Symbolische Bedeutung: Vollkommenheit und göttliches Bewusstsein.

Die Zahl 10:

Symbolische Bedeutung: Wendepunkt, Neuanfang.

Die Zahl 11:

Symbolische Bedeutung: Meisterzahl, kulturelle und spirituelle Führerschaft.

Die Zahl 12:

Symbolische Bedeutung: Natürliche Ordnung und Vollständigkeit.

Die Zahl 13:

Für viele eine Zahl zum Fürchten, die Unglück bringt und die es zu vermeiden gilt. Für andere wiederum eine Glückszahl.

Die Zahl 20:

Symbolische Bedeutung: Wiedergeburt.

Die Zahl 42:

Fragt man heute einen Programmierer nach der wichtigsten Zahl, bekommt man die Antwort: 42!

Der Sinn des Lebens ist: „42"!!!

In Douglas Adams satirisch-skurrilem Science-Fiction-Roman „Per Anhalter durch die Galaxis" fällt die Antwort auf die Frage nach dem ultimativen Sinn des Lebens ernüchternd aus: Sie lautet schlicht und einfach „42" – nicht mehr und nicht weniger.

Einer Rasse von hyper-intelligenten, pan-dimensionalen Wesen hing es – nach der Story des Kult-Buches – vor vielen Millionen Jahren zum Halse raus, sich ewig über den Sinn des Lebens herumzuzanken. Also beschlossen sie, einen Super Computer namens Deep Thought zu bauen. Der sollte „die Antwort auf die Frage nach dem Leben, dem Universum und Allem" errechnen.

Nach 7,5 Millionen Jahren gab Deep Thought endlich die langersehnte Antwort „Zweiundvierzig" sowie den Hinweis, dass die Frage nicht treffend formuliert wurde und sich erst aus der richtigen Frage der Sinn dieser Antwort erschließen würde. „Das war keine Frage" entgegnet Deep Thought den enttäuschten Gesichtern. „Erst wenn ihr die Frage kennt, werdet ihr erfahren, was die Antwort bedeutet", erklärt Deep Thought und gibt den Rat: Um die „ultimative Frage" nach der letzten aller Antworten herauszufinden, muss ein noch größerer und besserer Computer von „unendlicher Kompliziertheit" gebaut werden, der weitere 10 Millionen Jahre Rechenzeit braucht – allerdings wird das Vorhaben am Ende nicht von Erfolg gekrönt.

Denn der neue Computer, nichts anderes als der Planet Erde, kann die Aufgabe nicht abschließen, weil er fünf Minuten vor Ablauf des Programms im Rahmen des Verkehrsprojekts einer Hyperraumumgehungsstraße vom Volk der Vogonen gesprengt wird.

Wie ein roter Faden zieht sich das Geheimnis um die Zahl 42 auch durch die folgenden vier Romane.

Besonders in der Internetkultur erreichte „42" Kultstatus und die Verwendung dieser Zahl wurde sehr populär. So wird die Zahl 42 etwa – ähnlich wie 0815 – häufig von Programmierern als magische Zahl verwendet, also als fester Zahlenwert, dem jeder ansehen kann, dass er keinen tieferen Sinn hat, sondern nur ein Beispiel für einen beliebigen Wert ist. Außerdem: Gibt man bei Google in das Suchfeld „the answer to life, the universe and everything" ein, so erscheint als Ergebnis des Google-Taschenrechners „the answer to life, the universe and everything = 42".

So gibt es noch mehr Zahlen, wie z.B. 666 oder 999, denen eine besondere Bedeutung beigemessen wird. Alles nachzulesen im Internet.

Letztendlich sind es die Bedeutungen, die wir den Zahlen geben, nach unseren Erfahrungen, unserem Glauben, unseren Konditionierungen.

Ereignisse, die mit starkem emotionalen Empfinden verknüpft sind, prägen sich besonders tief ins Gedächtnis ein.

Dies liegt unter anderem daran, dass zwischen der für die emotionale Bewertung von Reizen verantwortlichen Amygdala und dem für die Gedächtnisbildung zentralen Hippocampus enge Verbindungen bestehen.

Studien zeigen, dass bei emotionalen Ereignissen ausgeschüttete Botenstoffe, insbesondere das Noradrenalin, die Neubildung und Stärkung von Nervenzellverbindungen fördern – und so einen für die Gedächtnisbildung zentralen Prozess beeinflussen.

Soweit berichtet das Internet.

Auch Zahlen geben wir einen besonderen Stellenwert, wenn wir sie mit starken Emotionen verknüpfen, was aber nicht immer zu unserem Vorteil ist.

Worauf legen wir unseren Fokus, wohin richten wir unsere Aufmerksamkeit?

Zahlen beeinflussen unser Leben

Bereits im Kindesalter werden wir mit Zahlen konfrontiert, lernen die Zahlen 1 bis 10 an den Fingern abzuzählen, ordnen den Zahlen also einen Gegenstand zu. So lernen wir durch wiederholtes Zählen, was eine Zahl bedeutet.

In der Schule kommen immer mehr Zahlen dazu und wir lernen, was mit den Zahlen alles zu errechnen ist. Wenn wir mit Begeisterung etwas lernen, wird es in unserem Gehirn besser und schneller gespeichert.

Alles, was wir in einem tiefen emotionalen Zustand erleben, wird von unserem Gehirn so gedeutet, dass wir das unbedingt „lernen" wollen, also gespeichert werden muss.

So wird eine Emotion, egal ob konstruktiv oder destruktiv, mit einem konstruktiven oder destruktiven Erlebnis neuronal verknüpft.

Wir bewerten Zahlen als „gut" oder „schlecht", wie etwa im Zeugnis die 1 als „sehr gut" bezeichnet wird und die 6 als „ungenügend". Und schon verknüpfen wir eine ganz normale Zahl mit einer Emotion.

Die Fähigkeit, Grundrechenarten anzuwenden oder mathematische Aufgabenstellungen zu lösen, erfordert das Zusammenspiel mehrerer Gehirnregionen. Studien weisen darauf hin, dass z.B. die Dyskalkulie mit einer untypischen Entwicklung und Aktivität einer entscheidenden Gehirnregion, die für das numerische Mengenverständnis entscheidend ist, einhergeht. Die Funktionsweisen von Gehirnregionen – zuständig für die sprachliche Verarbeitung von Faktenwissen (etwa bei einstelligen Multiplikationen) sowie für das Verständnis von Zahlenräumen – scheint bei Dyskalkulie ebenfalls verändert zu sein.

Zahlenblockade

Wenn sich einem Kind die Zahlen nicht erschließen, kann das viele Ursachen haben.

Allgemein wird angenommen, dass eine sogenannte Dyskalkulie durch eine genetische Prädisposition und nicht der Norm entsprechenden Hirnfunktionen hervorgerufen wird, also eine neurobiologische Abweichung ist.

Kinder mit Rechenstörungen machen immer wieder die Erfahrung an einfachen Rechenaufgaben zu scheitern. Es kommt durch die Misserfolge zu Ängsten. Ängste und Stress haben einen destruktiven Einfluss auf das Denkvermögen. Die Blutversorgung des Gehirns wird gestört.

COBIMAX hat auch ein Programm entwickelt, welches als eine Ursache vererbte Rechenschwäche anspricht.

Außerdem können die Umstände der Zeugung, Schwangerschaft und Geburt maßgeblich an solchen Blockaden beteiligt sein. So kann es sein, dass das Kind immer wieder Dinge, auch Zahlen, vergisst, auf Grund der „Pillenvergesslichkeit" der Mutter. Was dem Kind zu seiner Existenz verholfen hat, hilft ihm auch später. Das Gehirn spult das Denkmuster dieser Vergesslichkeit von Zahlen und Daten immer wieder ab, da sie ja einmal von Nutzen waren.

Ein weiteres Beispiel: Die Mutter hat sich in den Berechnungen ihres Zyklus geirrt. So speichert das Gehirn des Kindes: Berechnungen dürfen nicht stimmen, damit ich entstehen kann. So findet das Kind Rechnungswege nicht. Es darf nicht richtig sein, sonst steht seine Existenz auf dem Spiel.

Zahlendreher können dadurch programmiert sein, dass Aussagen während der Zeugung oder Schwangerschaft verdreht wurden.

Es gibt viele solcher Beispiele, die als derartige Glaubensmuster bei betroffenen Kindern gespeichert sind und wirken.

COBIMAX hat auch hier die passenden Abfragen.

Einige COBIMAX-Abfragen beziehen sich auf den Bau und die Funktion von Gehirnteilen und die Synthese von Neurotransmittern.

Mit COBIMAX oder auch auf www.connectdoor.de besteht die Möglichkeit, hier regulierend einzugreifen, dem Kleinhirnbewusstsein verschiedene Verbesserungsvorschläge zu machen, die es dann mit Hilfe der Mikrotubuli zur Korrektur bringt.

Eine fördernde Lerntherapie durch ausgebildete Lehrkräfte im Einzelunterricht ist in jedem Fall zu empfehlen, damit die Kinder Zahlen nicht als Monster ansehen, sondern begreifen, wieviel Spaß es machen kann, Zahlen zu verstehen.

Zusätzliche motivierende Unterstützung von zu Hause aus hilft ebenso, aus den Versagensängsten herauszukommen und dies macht sich auch im späteren Leben konstruktiv bemerkbar.

Cen-Tooh erklärt das so:

Wenn ich ein Wort, Zahlen ausspreche, ganze Sätze ausspreche, so verhält es sich so, dass akustische Signale meinen Mund verlassen, meinen Kehlkopf verlassen und sie kommen bei Euch im Ohr an. Sie werden erst einmal als mechanische Signale durch das Trommelfell wahrgenommen, sie werden umgewandelt in elektrische Signale. In Eurer Großhirnrinde, im sogenannten Wernicke - und Broca - Zentrum wird Sprache verarbeitet.

Sprache wird einmal informativ in der linken Gehirnhälfte verarbeitet und zum anderen wird Sprache durch emotionale Verknüpfungen in der rechten Gehirnhälfte verarbeitet. Inwieweit verknüpft Ihr Dinge, die Ihr riecht, tastet, schmeckt, seht und hört, mit Emotionen?

Wenn Sprache praktiziert wird, braucht Ihr aber auch noch ein anderes Gehirnteil dazu. Ganz vorne im Gehirn sitzt der Stirnlappen. Der Stirnlappen ist das Gehirnteil, welches Sprache erst möglich macht.

Der Stirnlappen ist dazu da, Bilder aus den elektrischen Signalen entstehen zu lassen. Alles was ich ausspreche, lässt bei Euch sofort Bilder im Stirnlappen entstehen. Deswegen ist Sprache verständlich. Ihr könnt mich verstehen, weil Euer Gehirn bei jedem Wort und bei jedem Satz, den ich ausspreche, sofort Bilder in den Stirnlappen hinein feuert, die Ihr dann aus eurer persönlichen Sicht sofort vergleicht. Primär läuft die Kommunikation über Bilder, die Sprache ist nur ein Transportmittel.

In Eurem Stirnlappen sitzt auch das, was Ihr braucht, was aber bei den meisten Menschen abgeebbt ist, nämlich die Phantasie. Ihr könnt euch Dinge vorstellen.

Hilfsmittel, um Vorgänge mathematisch schneller, größer, komplexer berechnen zu können, wie Computer, sind deswegen so entwickelt, weil sie ein Abbild unserer Gehirnfunktionen sind.

Das Kleinhirnbewusstsein kann nicht unterscheiden, was im Äußeren Realität ist oder was Ihr Euch vorstellt. Das, was Ihr imaginiert, Euch vorstellt, ist das, was der Stirnlappen als äußere Realität sieht und er versucht, das was Ihr Euch vorstellt, auch immer wieder für Euch hervorzurufen.

In meinem Universum wird Sprache direkt in das Kleinhirn geleitet, was seine eigenen Bilder in den Stirnlappen feuert. Ihr nutzt Sprache bisher wie eine Platzpatrone, aber wenn Ihr Zugang zum Kleinhirn habt, dann sind Worte zielgerichtete wirksame „Scharf-Schüsse" und haben direkte korrigierende Auswirkung auf den biologischen Organismus.

Gedankensplitter zerstreuen den Fokus

In asiatischen Ländern werden Kinder schon angehalten, sich ein kleines bisschen mehr zu konzentrieren, etwas fokussieren zu können. Ihr werdet heute mit so viel äußeren Ablenkungen überschwemmt, dass Ihr Euch überhaupt nicht mehr auch nur eine Minute auf etwas konzentrieren könnt.

In den Bereichen Eures Gehirns, die Ihr durch Permanentgedanken und Permanentgefühle mit diesen äußeren Reizen füllt, sind Speicherplätze belegt. Aber diese Speicherplätze müssten normalerweise durch solche Gedanken und Emotionen gefüllt sein, die Information vom Kleinhirn direkt durchlassen an den Stirnlappen. Wenn das nicht der Fall ist, ist das wie ein „Laserlicht", das irgendwo auf den Punkt gesendet werden soll, aber plötzlich ein Spiegel oder Diamant auftaucht, der das Licht ablenkt und in alle Richtungen verstreut. Versteht Ihr?

Ihr habt ursprünglich ein Gehirn bekommen, das genial ist, weil dieses Gehirn noch rein ist. Es sind noch keine Programme installiert, außer Eurer Genetik. Aber das Gehirn selbst ist offen, um zu lernen. Wenn Ihr es dann mit diesen üblichen Programmen voll- und zustopft, mit diesen Glaubens- und Verhaltensmustern, dann nimmt das Gehirn das an und lernt

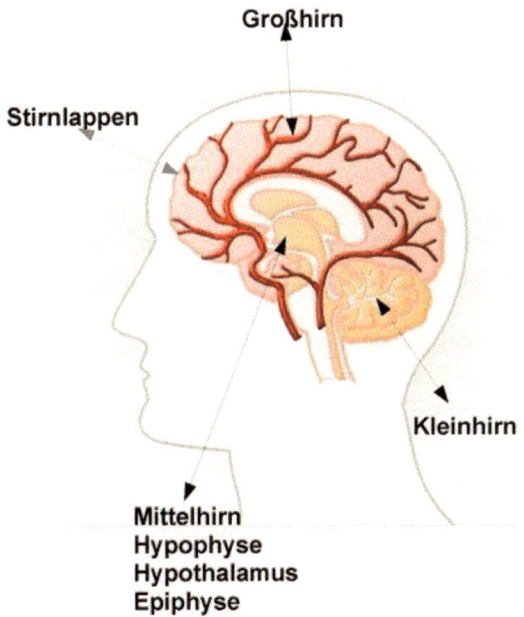

Großhirn

Stirnlappen

Mittelhirn
Hypophyse
Hypothalamus
Epiphyse

Kleinhirn

Schematische Darstellung eines menschlichen Gehirns

Lottozahlen und mehr

Wie ich schon am Anfang unseres Taschenbuchs schrieb, haben wir den einen ultimativen COBIMAX-Befehl noch nicht gefunden, der uns die Lottozahlen vor der Ziehung beschert.

Unser Kleinhirn, als objektives, unsere Gedanken und Emotionen sehr genau kennendes Gehirnteil, wird genau analysieren, aus welchem Beweggrund wir uns mit Glücksspielen beschäftigen.

Alleiniges positives Denken oder positives Fühlen reicht nicht aus, um etwas zu gewinnen. Wenn wir uns also gut fühlen, um etwas zu bekommen, dann kommt der Grund, sich gut zu fühlen, von einem Ort des Mangels und der Frustration und wir erleben noch mehr Mangel und Frustration.

Unbewusste Programme verhindern mitunter das Abgeben eines mit den richtigen Gewinnzahlen ausgefüllten Lottoscheines. Diese Erfahrung verursacht eine Endlosschleife an destruktiven Glaubenssätzen und Emotionen, die wir mit dem Gefühlsring von COBIMAX korrigieren können.

Der Mann einer Kollegin erbte von seinem Bruder ein Haus und verstarb kurz darauf selbst. Nun erbte meine Kollegin beide Häuser. Um die Erbschaftssteuer bezahlen zu können, sollte sie ein Haus verkaufen. Mit der COBIMAX-Intention, diese Zahlung leisten zu können, ohne ihre Einnahmequelle angreifen zu müssen, gewann sie in der Lotterie genau die Summe, die sie für die Erbschaftssteuer benötigte.

So haben die meisten Menschen vor dem Hauptgewinn noch einige Steine aus dem Weg zu räumen, die bei jedem Menschen absolut individuell sind.
Letztendlich gilt es zu erkennen, dass eine Zahl an sich etwas völlig Neutrales ist, wir geben ihr erst einen Wert.

Sind wir in einem Umfeld aufgewachsen, in dem viel Geld als völlig normal angesehen wird und Reichtumsbewusstsein vorhanden ist, wird es nie daran mangeln.

Ist Selbstwert gekoppelt mit dem Gedanken an einen Geldgewinn, gilt es als erstes den eigenen Wert im Dasein zu erkennen und nicht vom Reichtum abhängig zu machen.

Wir COBIMAX-Anwender haben die Möglichkeit, über unser Kleinhirnbewusstsein im eigenen Körper sowie in allen Organismen (Mensch, Tier, Pflanze) konstruktive Verbesserungen zu veranlassen.

Ist es der Zugang zum Mittelhirnbereich, der uns zu den gewünschten Glücks- und Gewinnzahlen verhilft?

Das Mittelhirn arbeitet mit Infrarotfrequenz. Wenn wir in absolut tiefe Trance verfallen, dann sind wir im Infrarotbereich. Wir können Stunden, Tage, ja sogar Monate im Voraus Dinge erfahren, die wir im Wachzustand nicht erfahren würden.

Im Mittelhirn sitzen u.a. Hypophyse und Hypothalamus. Manche Menschen, die hellhörig und hellsichtig sind, besitzen ihre Fähigkeiten durch eine gesteigerte Aktivität des Mittelhirnbereichs.

Ein Geschenk der Natur

COBIMAX®, die Communikations-Biologische Matrix, ist ein Geschenk der Natur, das jedem Menschen in die Wiege gelegt wird. So besitzt also jeder Mensch von Geburt an die Fähigkeit durch Gedanken den eigenen Körper zu heilen.
Sehr früh schon im Leben macht der Mensch unterschiedlichste Erfahrungen. Da Menschen so konditioniert werden, jegliche Erfahrung emotional zu bewerten, sind es im Laufe des Erwachsenwerdens genau diese im Gehirn gespeicherten emotionalen Beurteilungen, die den Menschen von der Fähigkeit, sich selbst zu heilen, wieder abtrennen.

Die Natur geht davon aus, dass jeder Mensch den Zugang zum Kleinhirn hat und somit auch Dinge korrigieren kann. Es ist eine Krankheit, dass das keiner kann. Durch COBIMAX wird der Mensch wieder mit der Kommunikationsform der Natur verbunden und kann somit konstruktiven Einfluss nehmen auf die Befindlichkeiten von Mensch, Tier und Pflanze.

COBIMAX anzuwenden bedeutet, sich der aufbauenden Kraft, die unser Planet Erde für uns bereithält, gewahr zu werden und diese Kraft auch einzusetzen. COBIMAX nutzt die Kommunikationsform und die dynamisch-intelligenten Lösungsmöglichkeiten der Natur, was mit Sicherheit Staunen, Respekt und im wahrsten Sinne Sanftmut gegenüber unserem Planeten und allem Leben darauf fördert. Sanftmut bedeutet, sich nach den Spielregeln der Natur, also des Lebens, auszurichten. Daraus erwächst der wunderbare Vorteil, dass sich die Natur selbst viel stärker um unsere eigene Gesundheit bemüht!

Cen-Tooh bietet auf www.connectdoor.de Hilfestellung
beim Korrigieren von destruktiven Auswirkungen auf Körper,
Geist und Seele durch Zahlen:
Freie Themenwahl anklicken
a. Dem Zauberer auf die Knollennase drücken
b. Name nennen
c. Punkt 1 des Programms lesen
d. 3 bis 5 Minuten warten, ob eine Reaktion kommt
e. Wenn eine Reaktion kommt, dann diese bitte ausklingen
lassen.
Punkt 2 bis Punkt 10 des Programms wie bei a – e
beschrieben
Die Punkte, die reagieren, bitte 1 x täglich wiederholen, bis
keine Reaktion mehr spürbar ist.

Programm „Gefühlsring"
1. Neokortexiale „Zahl 1-Emotion" Disconnection von
Menschen, Dingen, Zeiten, Orten und Ereignissen.
2. Durch „Zahl 1"-Gefühlshormon modifizierte Zellrezeptoren.
3. Durch „Zahl 1"-Gefühlshormon ernährte und gestresste
Zellen.
4. „Zahl 1-Emotion"-Messenger-Peptid (-Balrogs).
5. Dasjenige neue informative Peptid mit relevanten
Rezeptoren, welches jegliche „Zahl 1-Emotion"-Zellschäden
und „Zahl 1-Emotion" -genetische Schäden repariert.
6. „Zahl 1-Emotion" frequenzmoduliert mit einem
„konstruktiven" Gefühl.
7. Okkulte „Zahl 1-Emotion", durch okkulte "Zahl 1-
Emotion" modifizierte Massenträgheit.
8. Ich liebe meine „Zahl 1-Emotion".
9. Ich befehle meiner Seele/ meinem Heiligen Geist mir
nächtlich rückwärts in meine Neuronen zu feuern, meine „Zahl
1 -Emotion" zur Weisheit gebracht zu haben.
10. Durch „Zahl 1"-Gefühlshormon verkürzte Telomere.

**„ Zahl 1 " kann mit jeder anderen Zahl ausgetauscht
werden!**

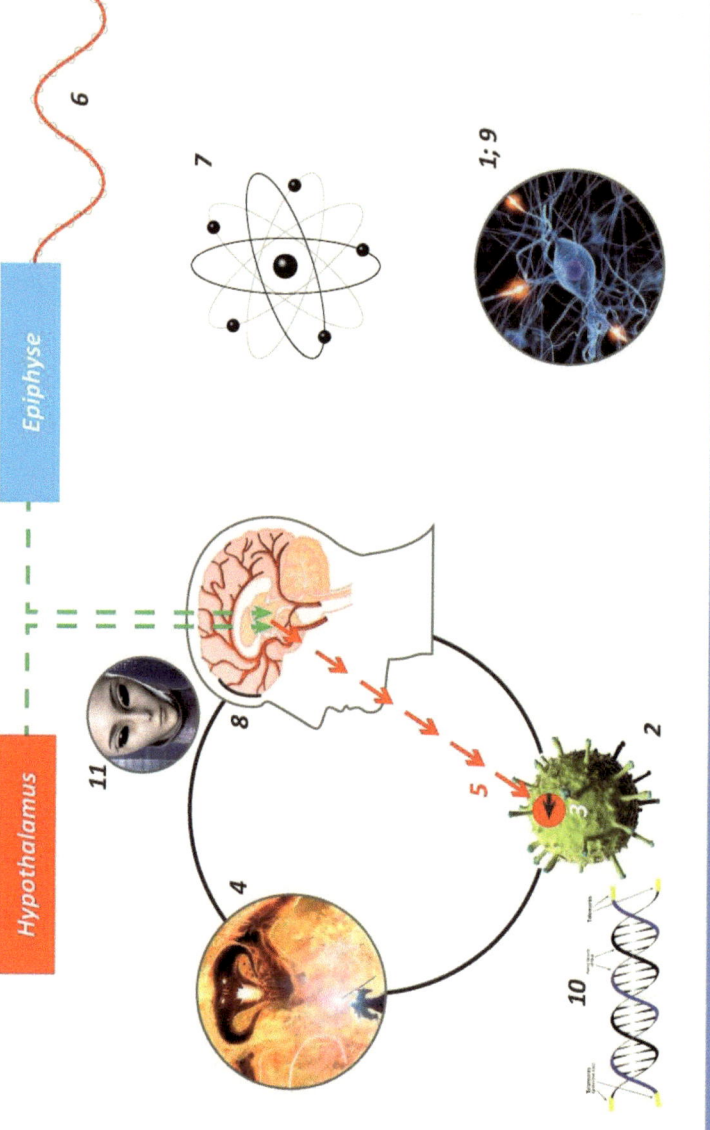

6

7

1; 9

Epiphyse

Hypothalamus

11

8

4

5

3

2

10

Erklärungen zum COBIMAX® Gefühlsring

1. Im Großhirn werden synaptische Verbindungen von Erfahrungen, Konditionierung und Emotionen getrennt.
2. Die Zellrezeptoren werden durch die Aufnahme des Gefühlshormons geschädigt und nun wiederhergestellt.
3. Die Zellen ernähren sich durch Gefühlshormon. Korrektur.
4. Zelle schickt Botenstoffe zum Erinnern an das Gefühl an den Stirnlappen. Korrektur.
5. Neues Informationspeptid korrigiert Zellschäden und genetische Schäden
6. Epiphyse generiert Gefühle auf elektrische Weise, neues Signal.
7. Verborgene Gefühle erhöhen Massenträgheit. Korrektur.
8. Im Stirnlappen festgehaltenes Bild. Korrektur.
9. Gefühl von allen Seiten erlebt haben = zur Weisheit bringen
10. Telomere (Endstücke der Chromosomen) werden repariert.

Bei jedem einzelnen Punkt greift COBIMAX ein und lässt den eigenen Körper die schädigenden Faktoren korrigieren.

Bernd Laudenbach zeigt in diesem Buch einige Bilder-Themen in seiner Symbolsprache.
Das Betrachten geschieht auf eigene Verantwortung.

Es sei hier noch einmal darauf hingewiesen, dass auf der Erde diese Methode für den medizinischen Laien weder Arzt noch Heilpraktiker ersetzt, und dass sie niemals zum Absetzen von Medikamenten auffordert.

COBIMAX-Bilder mit Wirkung

Die in den Bildern erkennbaren Zeichen entsprechen keiner bekannten Schrift oder Verbalsprache. Gleichwohl stehen diese Zeichen aber für die Übermittlung und Verarbeitung von Daten aus einer optionalen potenten Zukunft des Bildbetrachters. Dem Wachbewusstsein völlig unverständlich, richtet sich der Inhalt dieser Schriftzüge einzig und allein an das im Kleinhirn agierende Unterbewusstsein.

Dieses Unterbewusstsein sieht uns selbst, also den Bildbetrachter, als seine Vergangenheit an. Die Arbeitsfrequenz dieses Unterbewusstseins liegt im Bereich der Ultraviolettlicht-Frequenzen, die gleiche Frequenz, in der die Schriftzüge der dynamisch intelligenten Bilder agieren. Somit eröffnet sich mit diesen kommunikativen Bildern die Möglichkeit, unseren Körper wie gleichsam unsere Emotionen durch die Kontaktaufnahme zum eigenen Unterbewusstsein konstruktiv zu beeinflussen.

Einerseits können wir das Bild mit unseren Augen betrachten und den Inhalt des Bildes visuell aufnehmen. Andererseits besteht die Möglichkeit, das Bild mit den Händen zu „sehen": Durch bloßes kurzes Betasten des Bildes übermittelt sich der an das Unterbewusstsein des Betrachters gerichtete Bildinhalt.

Diese Bilder durchbrechen kontrollierende Barrieren und psychische Begrenzungen, die das Wachbewusstsein aus Gründen von Angst und Unwissenheit errichtet hat. Vor vielen Jahrtausenden, als die Menschheit noch nicht der schlimmsten Krankheit, des Intellekts, erlag, war es jedem Menschen möglich, sich mit sich selbst und mit jedem anderen Menschen in dieser mächtigen Sprache zu unterhalten.

Die cobimaximierte „Sprache" ist die Kommunikationsform des Nichtangepassten und Nichtzivilisierten in uns selbst. Dieses Sprachsystem trägt in sich eine unterbewusste Form der Selbstkontrolle darüber, was als Information zum Empfänger weitergeleitet und verarbeitet wird. Eine vorsätzliche oder ungewollte Manipulation zum Schaden des Bildbetrachters ist unmöglich. Jede Bildnachricht wird mit dem geringsten Energieaufwand, aber dem größten Nutzen für den Bildbetrachter durch den Bildbetrachter selbst erarbeitet.

Die Bilder zeigen die Ursprungssprache von COBIMAX mit unterschiedlichen Themen und den mitunter schädigenden Einfluss auf unsere Gesundheit, die beim Betrachter körperliche Reaktionen auslösen können. Diese Reaktionen beinhalten aber auch gleichzeitige Korrekturmaßnahmen.

So einzigartig und individuell jeder Betrachter ist, können je nach den Problemen vielfältige Reaktionen auftreten. Angefangen bei starker Müdigkeit bis hin zu mehrminütigem Tiefschlaf, häufiges und tiefes Gähnen, Ameisenkribbeln bis völlige Taubheitsgefühle einzelner Gliedmaßen, Blähgefühle im Bauchbereich, Wärme, Kälte, Schwindel, Kopfschmerzen, Migräne, völlige Schwere bis hin zu einem nicht mehr Anheben-Können einzelner Gliedmaßen. Organe können stark spürbar werden. Enge oder Kloßgefühl im Hals, ganze Wirbelsäulenabschnitte machen sich bemerkbar, deutliche Reaktionen im Herzbereich, Schwere und Enge in der Brust oder erschwertes Atmen bis hin zu Atemnot. Anvisierte Gefühle können in aller Deutlichkeit erlebt werden.

Die Skala der möglichen Reaktionen ist nach oben offen. Dies soll den Betrachter nicht erschrecken, sondern nur darauf hinweisen, dass Stärke und Lokalisation der eintreffenden Reaktionen nicht immer den Erwartungen des Wachbewusstseins entsprechen.

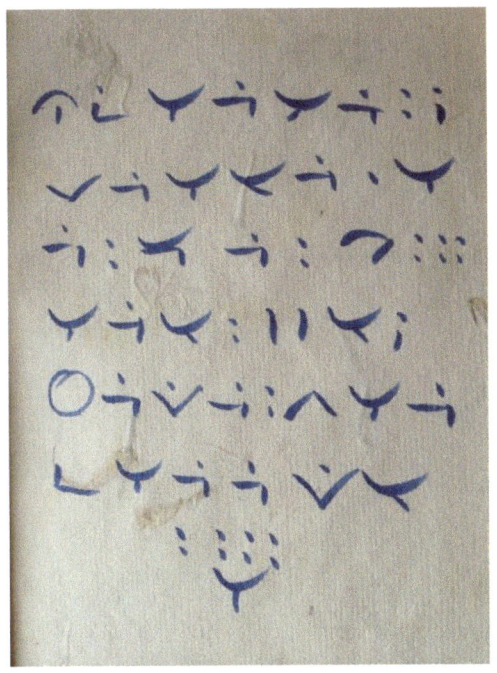

Zahlen sind schon immer frei von meinen emotionalen Verknüpfungen

Dieses Bild ist aktiviert.

Bitte Reaktionen abwarten und ausklingen lassen.

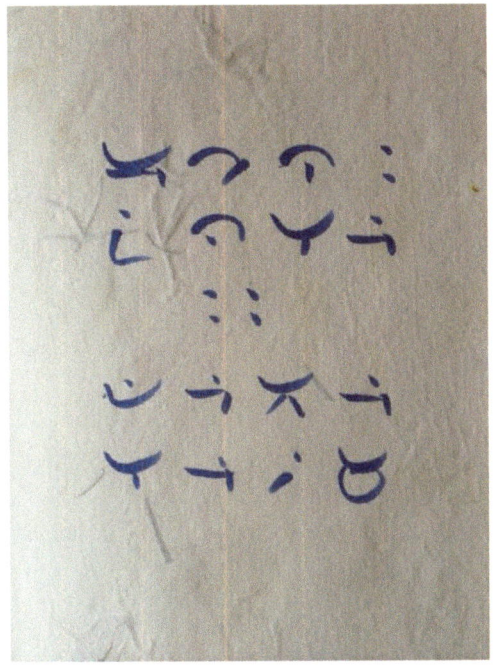

**Durch Stress verursachte
Zahlenblockade/Zahlenbewertung**

Dieses Bild ist aktiviert.

Bitte Reaktionen abwarten und ausklingen lassen.

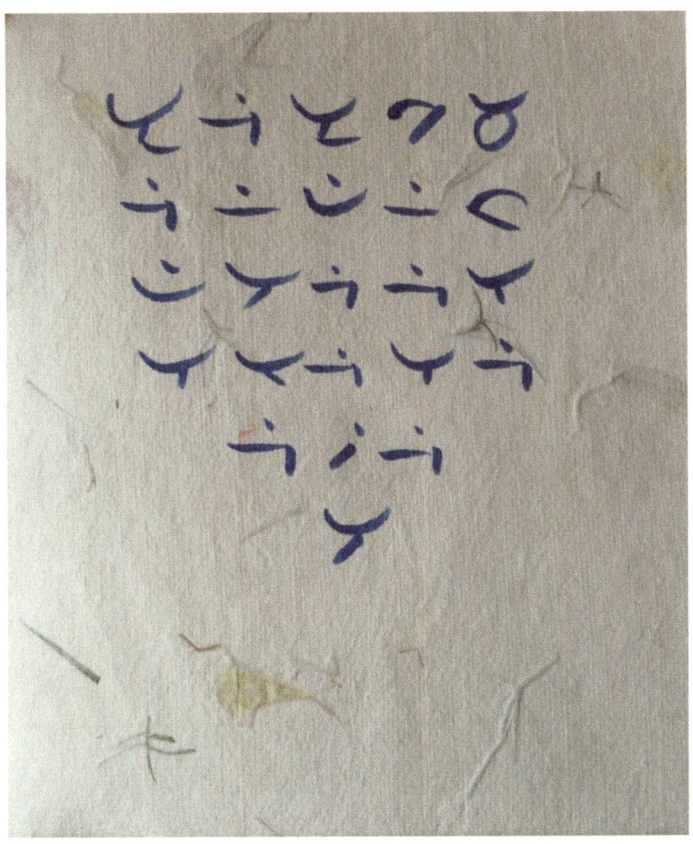

Ich habe schon immer vollumfänglich Zahlen, Mengen und alle mathematischen Symbole abrufbar gespeichert

Dieses Bild ist aktiviert.

Bitte Reaktionen abwarten und ausklingen lassen.

„Zaubern" lernen?

Bernd Laudenbach prüfte und hinterfragte konsequent den menschlichen Körper und die Psyche und erarbeitete so die Communikations-Biologische Matrix, kurz COBIMAX®.

Der Mensch hat alle Voraussetzungen, die er zum „Zaubern" benötigt, in sich!
Du willst selbst „zaubern" lernen?
Dann kannst Du das auf der Erde erlernen.

Bereits ausgebildete COBIMAX-Berater und COBIMAX-Therapeuten stehen Dir auch gerne zur Seite.
Adressen auf Anfrage.

Was es bedeutet, ein COBIMAX-Anwender zu sein

„Wir COBIMAX-Anwender müssen verstehen, dass wir durch den „cobimaximierten" Anschluss an unser Kleinhirn direkten Zugang zu einer höheren Instanz, dem Kleinhirnbewusstsein, haben.
Jeder Gedanke, der eine Korrekturabsicht beinhaltet und damit eine Verbesserung des biologischen Organismus unseres Gegenübers bedeutet, wird sofort von dessen Kleinhirnbewusstsein aufgegriffen und dieses lässt unter seiner Kontrolle einen Korrekturvorgang über die Mikrotubuli durchführen.

Eine vorsätzliche oder unbeabsichtigte Schädigung eines anderen Organismus ist mit dem COBIMAX-System nicht möglich, da ein höheres Bewusstsein, das absolut neutral ist, nämlich das Kleinhirnbewusstsein, entscheidet, ob eine COBIMAX-Eingabe durchgeführt wird oder nicht. Somit kann dem COBIMAX-Anwender auch kein Fehler unterlaufen.

Die Frage der Ethik taucht auch immer wieder auf. Jeder COBIMAX-Anwender muss auf seine eigenen ethischen Grundsätze zurückgreifen. Bei einem Hilfesuchenden ist es klar, dass wir auf dessen Wunsch zielgerichtet intervenieren können."

Wie wird man ein COBIMAX-Anwender?

COBIMAX-Initiierung durch Bernd Laudenbach

Ihr habt als kleines Kind entschieden, daran zu glauben, was die Erwachsenen sagten, und dann habt Ihr die Fähigkeiten Eurer Gehirnteile nicht mehr genutzt. Wenn Ihr aber die Verbindung zwischen den Gehirnteilen nicht mehr nutzt, atrophieren diese Verbindungen, das heißt, sie werden weniger, dünner, unbrauchbar.

„Cobimaximieren" ist ein physiologischer Vorgang.

Mit Wissen kann sich Bernd Laudenbach über Euren Glauben weit hinwegsetzen und er verschränkt Euch mit einer Realität Eurer selbst, in der Ihr das „Cobimaximieren" noch nie verlernt habt. Ihr steht auf und könnt es einfach.

**So wie die Krankheit in unserem Körper steckt,
ist auch die Lösung in ihm enthalten.**
Bernd Laudenbach

Bernd Laudenbach

(Jahrgang 1959), Inhaber einer Praxis für physikalische Therapie, ist ursprünglich ausgebildeter Masseur und besuchte später eine Ausbildung zum Heilpraktiker.

Bereits während seiner Berufsausübung als Masseur suchte er nach Möglichkeiten, pathologische körperliche Veränderungen nachhaltig zu optimieren. Obwohl dies unmöglich schien, haben Bernd Laudenbachs Neugierde und Beharrlichkeit ihn dazu bewogen, bisherige Erkenntnisse und Annahmen, die den menschlichen Organismus und die Psyche betreffen, gründlich zu prüfen und konsequent zu hinterfragen.

Aufgrund der Erforschung des eigenen Körpers und der eigenen Psyche sowie einer stetigen Selbsthinterfragung hat Bernd Laudenbach darauf aufbauend die Communikations-Biologische Matrix COBIMAX erarbeitet.

Als er Anfang der neunziger Jahre mit den Versuchen zur Aktivierung seiner Selbstheilungskräfte begann, dachte er weder daran, andere Menschen einmal behandeln zu können, noch dieses Wissen bzw. das Werkzeug anderen Interessierten zur Therapieanwendung zur Verfügung zu stellen.

Seit 1999 behandelt er Tausende Hilfesuchende mit Erfolg und seit 2005 bildet er zusätzlich COBIMAX-Therapeutinnen und -Therapeuten aus.

COBIMAX ist eine ursprüngliche Kommunikationsform der Natur, die zielgerichtet Selbstheilungskräfte aktiviert und diese zu präzis gesteuerten Veränderungen im Körper nutzt.

Inge Friedrich
(Jahrgang 1947) ursprünglich tätig in der medizinischen Forschung eines Pharma-Unternehmens, lernte Bernd Laudenbach und seine Kommunikations- und Therapiemethode Communikations-Biologische Matrix COBIMAX im Jahr 2003 kennen. Durch die verblüffenden Ergebnisse von COBIMAX, auch bei Austherapierten, wurde ihr Forschergeist geweckt und sie veranstaltete Vorträge und Ausstellungen mit Bernd Laudenbach. Anfang 2005 erhielt sie die Möglichkeit, eine Ausbildung bei Bernd Laudenbach zu absolvieren, um dann selbstständig als COBIMAX-Beraterin zu arbeiten.
Neben der COBIMAX-Beratung hält sie Vorträge und Workshops und begleitete viele Jahre Bernd Laudenbach bei seinen Lehrgängen zur autorisierten Nutzung von COBIMAX.

Weitere Taschenbücher mit cobimaximierten Bildern :

ConnectDoor-
Zugang zu einer anderen Dimension
Die Macht der Gefühle, ISBN 978-3-7357-8011-9

ConnectDoor-
Zugang zur nächsten Dimension
Rund um Bakterien, Viren & Co., ISBN 978-3-7347-3244-7

ConnectDoor-
Zugang zu einer weiteren Dimension
Stress minimieren-Erfolg maximieren,
ISBN 978-3-7347-7381-5

ConnectDoor-
Zugang zu außergewöhnlichen Dimensionen
Von geschmeidig über echt schräg zu voll krass
ISBN 978-3-7386-1740-5

ConnectDoor-
Zugang zu meinem Humanarchitekten
Die große Liebe meines Lebens
ISBN 978-3-7412-0540-8

ConnectDoor
Zugang zum Geschenk der Natur
Einsatz bei Tier und Pflanze
ISBN 978-3-7528-3496-3

Kontaktdaten:

Cen-Tooh, der Therapeut : www.connectdoor.de

COBIMAX, Bernd Laudenbach: www.cobimax.com
Frankurter Str. 43, 36391 Sinntal-Altengronau
Tel. 06665 918688
E-Mail: bernd.laudenbach@cobimax.com

COBIMAX, Inge Friedrich: www.inge-friedrich.de
Hähnleiner Str. 4, 64673 Zwingenberg
Tel. 0049 172 763 7112
E-Mail: inge.friedrich@cobimax.com